Bruno Bartoletti

Streghe, Stregoni e Guaritori in Umbria e nelle Marche

Rassegna di personaggi particolari

dal Medioevo sino ai nostri giorni

Breve premessa

Le regioni dell'Umbria e delle Marche, immerse nella suggestiva bellezza del cuore verde d'Italia, custodiscono un'antica e misteriosa tradizione legata al mondo delle streghe, degli stregoni e dei guaritori.

Attraverso i secoli, queste terre hanno visto sbocciare un'intreccio di credenze popolari, riti ancestrali e conoscenze segrete, che si sono tramandate di generazione in generazione.

Questo saggio si propone di esplorare e svelare i segreti di questa affascinante realtà che si cela dietro il velo del tempo.

Attraverso una ricca ricerca storica e antropologica, cercheremo di gettare luce su

rituali, incantesimi e pratiche di guarigione
che hanno caratterizzato queste terre per
secoli.

Esploreremo le storie di donne e uomini,
considerati streghe e stregoni, che hanno
camminato su sentieri oscuri e proibiti, temuti
e venerati dalla comunità locale.

Scopriremo come queste figure misteriose
abbiano saputo incantare gli animi e curare i
corpi con la loro saggezza e poteri speciali.

Attraverso testimonianze dirette, leggende
tramandate oralmente e documenti storici,
cercheremo di tracciare un quadro
affascinante di queste figure enigmatiche.

Inoltre, esploreremo le pratiche dei guaritori,
coloro che con le loro conoscenze
erboristiche, incantesimi e conoscenze
mediche tradizionali hanno cercato di lenire

le sofferenze fisiche e spirituali della popolazione.

Attraverso le loro esperienze, condivideremo la saggezza delle erbe e degli incantesimi tramandati da generazioni, aprendo una finestra sulla medicina popolare che ancora oggi trova un posto nel cuore di molte comunità.

Attraverso queste pagine, ci immergeremo in una dimensione magica e affascinante, dove l'ombra e la luce si fondono, dove la paura e la speranza si mescolano.

Esploreremo luoghi misteriosi, antichi rituali e tradizioni che rappresentano un importante patrimonio culturale di queste regioni italiane: con la la lettura di questo libro, spero di poter trasmettere un senso di meraviglia e curiosità per le antiche pratiche che ancora oggi risuonano nel cuore di queste terre.

Benvenuti in un viaggio nel mondo delle streghe, degli stregoni e dei guaritori in Umbria e nelle Marche, un viaggio che ci condurrà verso le profondità dell'ignoto e ci permetterà di scoprire un'insospettabile connessione tra passato e presente.

Matteuccia da Todi, la Strega di Ripabianca

Bernardino da Siena, conosciuto come Bernardino degli Albizzeschi, nacque l'8 settembre 1380 a Massa Marittima e morì il 20 maggio 1444 a L'Aquila.

Fu un frate francescano, teologo e predicatore italiano, membro dell'Ordine dei frati minori.

La sua santità fu riconosciuta nel 1450 da papa Niccolò V, solamente sei anni dopo la sua morte.

All'inizio del 1426, questo francescano osservante predicò in diverse città dell'Umbria, tra cui Montefalco, Spoleto e Todi.

In quest'ultima città, contribuì alla riforma degli Statuti e si impegnò nella persecuzione di una certa Matteuccia di Francesco.

La sentenza del processo, celebrato due anni dopo, ne attesta la sua partecipazione.

Non abbiamo documenti diretti di questo ciclo di prediche, chiamati "reportatio" perché scritti durante i sermoni pubblici.

Tuttavia, è molto probabile che Bernardino abbia agito come aveva fatto a Roma, dove predicò contro la "stregoneria".

In quel periodo, però, la definizione e la legislazione sulla stregoneria erano ancora vaghe e in fase di sviluppo.

A Roma, infatti, i cittadini, incitati dalle sue prediche, denunciarono una certa Finicella, che finì sulla pira.

Matteuccia di Francesco, invece, fu giudicata e condannata da un tribunale laico guidato da Lorenzo de Surdis, capitaneum della città, coadiuvato da giurisperiti.

L'accusata venne descritta come una "*donna di pessima condizione, vita e fama, pubblica incantatrice, fattucchiera, maliarda e strega*".

Matteuccia viene definita "incantatrice" in quanto utilizzava numerosi incantesimi, alcuni dei quali sono riportati negli atti del processo, accompagnati da gesti rituali.

Guariva diversi posseduti, utilizzando la pratica della "misurazione dei panni" a fini terapeutici e ricorrendo a un "osso pagano".

Quest'ultimo rito combinava l'uso di ossa di bambini non battezzati, ossa trovate in antichi sepolcri o provenienti da condannati a morte, con la recitazione di preghiere cristiane.

Inoltre, veniva definita "fattucchiera" e "maliarda": le fatture e le malie, termini che nel contesto del testo sono pressoché sinonimi, erano principalmente legate alla sfera dei disagi affettivo-erotici.

Matteuccia doveva essere abbastanza famosa, dato che molte donne e uomini si rivolgevano a lei.

I rimedi proposti includevano la somministrazione di intrugli composti da erbe, capelli, polvere di rondini e animali morti.

Inoltre, la donna utilizzava immagini di cera e oggetti consacrati.

 Secondo la sentenza, gli unguenti venivano talvolta ottenuti da carne e grasso di defunti. Matteuccia utilizzò questa pratica, prelevando il necessario dal cadavere di un annegato, per fornire un unguento curativo a uno "stipendiario" del condottiero Braccio da Montone.

Questo è un ulteriore segno della sua fama, poiché aveva una clientela che si estendeva oltre i confini della città.

Matteuccia aveva anche la capacità di fare e disfare fatture, che si credeva fossero la causa di molte malattie fisiche e mentali.

Per guarire un paralitico, la donna lo lavava con un decotto di erbe e poi gettava l'acqua per strada, trasferendo così la maledizione sul primo passante sfortunato.

Il tribunale sottolineò che l'attività di Matteuccia aveva assunto una connotazione "professionale", il che aggravò ulteriormente la sua posizione.

Infine, la donna veniva definita *striga*.

La stregoneria implicava il suo coinvolgimento in attività malefiche, come il "volare" per recarsi in luoghi segreti, devastare i bambini e succhiare il sangue di molti neonati in diversi tempi e luoghi.

Si menzionava anche la partecipazione di Matteuccia e di altre streghe a un luogo chiamato il "noce di Benevento" e ad altri alberi di noce, dove si univano a unguenti fatti di grasso di avvoltoi, sangue di civette, sangue di neonati e altre sostanze.

In breve, questi erano i crimini di stregoneria attribuiti a Matteuccia: si parla più volte di bambini dissanguati per preparare gli unguenti, specificando cinque casi con i nomi dei genitori e le località in cui si presume siano stati commessi gli orrendi omicidi.

Nel testo non vengono mai sollevati dubbi sulla realtà del fenomeno "stregonico": per

Bernardino da Siena e molti altri ecclesiastici eruditi dell'epoca, si trattava di illusioni diaboliche, non di eventi reali.

Tuttavia, agli occhi dei giudici del processo, era proprio Matteuccia che, trasformata in gatta, dissanguava i bambini nelle culle.

Tra le formule attribuite a Matteuccia, una è particolarmente celebre perché menziona il "Noce di Benevento" come luogo di raduno notturno delle streghe: "Unguento, unguento / mandame a la noce de Benivento, / supra aqua et supra ad vento / et supra ad omne maltempo".

È possibile ipotizzare che la rima stessa, magari influenzata dalla reputazione magica del luogo, abbia elevato Benevento a punto d'incontro delle streghe.

In un altro processo perugino, svoltosi nel 1456 contro una certa Mariana, la formula attribuita alla strega cambia così: "Unguento, menace a la noce de Menavento sopra l'acqua et sopra al vento".

La fama di Benevento come luogo del Sabba diventerà un elemento ricorrente nei processi di stregoneria italiani del primo periodo moderno.

Il tribunale concesse a Matteuccia solo pochi giorni per organizzare la sua difesa, ma era evidente che si trattava solo di una formalità.

La condanna a morte sulla pira fu eseguita il 20 marzo 1428: la donna fu trasportata al luogo dell'esecuzione a cavallo di un asino, con le mani legate dietro la schiena e una mitra sulla testa, ad oggi non si conosce la sua età, né lo stato familiare.

Gli atti del processo in lingua latina, conservati in fascicolo pergamenaceo nell'Archivio Comunale di Todi, sono stati trascritti dall'originale e sono consultabili anche nella traduzione italiana.

Giovanni Battista Negroni, lo Stregone di Orvieto

Giovanni Battista Negroni nacque ad Orvieto nel 1647: era figlio del conte Giovanni Francesco, governatore della regione per conto della Santa Sede, ma proveniva da un'antica famiglia genovese.

Nel 1698, Giovanni Battista sposò la contessa Ludovisi da San Casciano, imparentata con il principe Niccolò I Ludovisi e comproprietaria della metà del feudo di Monterubiaglio.

Con parte della sua fortuna, decise di acquistare l'altra metà del feudo da Maria Paola Monaldeschi della Cervara, l'ultima discendente della sua casata, al fine di ottenere l'investitura a Conte dell'intera proprietà.

Immediatamente si dedicò al restauro della rocca e dell'intero villaggio, che ancora soffriva dei danni causati dal terremoto avvenuto nella zona nel giugno del 1695.

Stabilitosi nel castello di Monterubiaglio, il conte Giovanni Battista Negroni iniziò a interessarsi all'alchimia, concentrandosi nello studio dei testi di Giovanni Battista Della Porta e sviluppando una teoria sull'unione degli opposti.

Riteneva che esistesse una sola materia primordiale nell'universo, trasformata successivamente da eventi esterni (principio che sarà poi enunciato da Lavoisier nel secolo successivo).

Nelle sue ricerche filosofiche, cercava Dio come esempio del massimo bene e Satana come esempio del massimo male, considerandoli agli estremi dell'unione e della separazione della materia.

Si interessava anche di botanica, fisiognomica e delle relazioni tra umani, piante e animali.

Si dice che Negroni sia stato il primo a sperimentare con successo il processo di pietrificazione dei tessuti umani.

Durante i suoi studi per trovare l'elisir della lunga vita, scoprì una misteriosa panacea che poteva preservare i tessuti del corpo umano quasi inalterati per secoli, mantenendo la loro elasticità e struttura nei nervi, muscoli e ossa.

Dopo poco tempo il governo pontificio venne a conoscenza delle sue ricerche.

Nonostante gli fosse stato intimato di interrompere gli esperimenti, non fu processato per stregoneria.

I sospetti si erano spostati dalla stregoneria alla negromanzia quando, durante i lavori di restauro del castello, il Conte aveva approfittato dell'occasione per spogliare la chiesa di Santa Maria della Rosa, situata all'interno del castello, donando gli arredi alla chiesa parrocchiale di Monterubiaglio per creare il suo proprio spazio di studio, vicino a quella che un tempo era stata la cripta di sepoltura della famiglia Monaldeschi.

Alla sua morte avvenuta nel 1730, il suo laboratorio venne smantellato dai parenti, secondo alcuni racconti ne fu addirittura murato l'ingresso e gran parte dei suoi appunti furono distrutti o dispersi.

Sensa de Bernacchi, la Fattucchiera Pesarese

L'11 dicembre 1578, un individuo di nome Ippolito da Ferrara, residente a Pesaro nella contrada di Santa Chiara, fece una denuncia all'Inquisizione riguardo a alcuni strani racconti che gli erano stati riportati da una vicina di nome Lena.

 Quest'ultima, mentre si trovava nei pressi della casa di una certa Sensa de' Bernacchi, aveva notato la pratica di arti magiche al suo interno.

Sei donne, tra cui Santa de Bernacchi, padrona di casa, Bernardina de Amatis, soprannominata Spadona, Isabella di Paris, Sensa, sua figlia Lucrezia e una certa Francesca, che era incinta, avevano allestito un piccolo altare su cui erano posti dei ceri rossi e una brocca d'acqua benedetta.

 Utilizzando tali elementi e particolari incantesimi magici, avrebbero evocato il diavolo per scoprire chi fosse responsabile di un furto di denaro commesso ai danni di un falegname di nome Camillo.

Il testo originale dell'Inquisizione recita così:

"*…Lena moglie d'un muratore, che abita pur in Pesaro, nella suddetta contrada di Santa Chiara, mi ha detto, andando essa una volta in casa d'una donna vedova che si chiama Santa de Bernacchi, ritrovò, in casa d'essa Santa doi cavaletti, o trespoli di legno in croce, con una coperta di sopra quale era stata tolta in prestito da una sua vicina, moglie di messer Piero Antoni da Urbino, sotto li quali trespidi et coperta: gli erano tre mamole, o vero giovine da marito, et tenevano tre candele benedette accese in mano, et vi era anco una donna gravida, et havevano una incristara, o vero caraffa piena d'acqua benedetta sopra d'un banco in mezzo quelle giovine. Sotto la qual caraffa vi era un quatrino della croce, et esse giovine dicevano: angelo bianco, angelo nero* *mostrami chi ha tolto quelli danari; et subito vidde uno con le corna nere, il qual angelo gli mostrò uno vecchio vestito di berettino qual haveva tolto li danari...*" (VI.1 Diritto Civile et Penale – fasc. 235 – Giorno 11 dicembre 1578) tratto dall' Archivio Vescovile della Curia di Pesaro.

L'accusatore sosteneva che la "*signora Sensa si dedicava a tali pratiche*": in realtà, il rituale descritto era diffuso nel folklore popolare e conosciuto come "inghistara", una pratica divinatoria utilizzata per trovare oggetti smarriti o identificare i ladri in caso di furto.

Immediatamente fu avviata un'indagine inquisitoria.

Furono ascoltate due testimoni oculari, Lena e Pelegrina.

Quest'ultima raccontò di un'altra esperienza diretta, ovvero l'apparizione di un brutto animale, o di un non meglio definito demone, tutto deforme che emetteva ad intervalli suoni acuti e assordanti mentre si contorceva intorno a Bernardina.

Questo spirito si presumeva fosse stato inviato da un'altra strega per aiutarla a compiere molteplici azioni malvagie.

 Il 2 maggio 1579, fu convocata Bernardina, nota come "la Spadona", che confessò.

Un giovane uomo di nome Camillo Borrello, soprannominato Marangone, un falegname, aveva perso dei denari e sua madre lo aveva mandato da loro perché aveva sentito dire che attraverso l'inghistara avrebbe potuto recuperarli.

La vicenda non ha una conclusione documentata, purtroppo non ci sono altre fonti documentali sulla vicenda ma rappresenta una testimonianza importante sull'attività dell'Inquisizione e su talune pratiche magiche come appunto l'inghistara.

Laura da Farneta, la Strega di Urbino

Di questa fattucchiera troviamo tracce in un documento del sedicesimo secolo conservato presso gli archivi Urbinati, intitolato *"Processi a Streghe ed ai Bestemmiatori, Atti giudiziarj diversi e carte relative"*.

Il documento di grande importanza merita sicuramente un'attenzione particolare. Nella prima parte, riporta gli scritti relativi al processo contro donna Laura da Farneta, che si concludono al recto della pagina 101.

Al recto della pagina 104 inizia la sezione riguardante i bestemmiatori, che occupa la parte finale del volume.

L'arciprete Giuseppe Antaldi attesta che a Fermignano una donna, esprimendo la sua frustrazione per le miserie che l'affliggevano, ha pronunciato parole offensive nei confronti della giustizia divina.

Nel Conservatorio delle Zitelle di Urbino, la giovane Agata Ugolini si è autoaccusata di aver disprezzato per due volte l'immagine di Gesù Crocifisso, calpestandola sotto i piedi, ecc.

In particolare, gli atti del processo contro la presunta strega donna Laura da Farneta (svoltosi dall'inizio di agosto 1587 alla fine di gennaio 1588) sono di grande rilevanza storica perché, a causa delle precise convinzioni politiche dei suoi signori, l'antico ducato di Urbino non ha mai visto l'istituzione del Tribunale dell'Inquisizione in nessuna città dello stato.

Tuttavia, nel 1631, subito dopo la morte di Francesco Maria II della Rovere, il tribunale fu istituito nella periferica sede di Gubbio.

Pare che il caso di donna Laura sia stato l'unico processo per stregoneria svoltosi a Urbino durante l'epoca ducale, grazie a una serie di circostanze particolari che rendono plausibile l'ipotesi di un disegno politico volto a indebolire il potere ducale e favorire il coinvolgimento dello Stato della Chiesa.

Monsignor Antonio Giannotti è stato arcivescovo di Urbino dal 1578 al 1597, ma per otto anni, dal 1585 al 1593, è stato assente a causa della vice-legazione ad Avignone.

Durante quel periodo, fu sostituito dal vicario apostolico Paolo Pagani, che processò Laura presso il tribunale arcivescovile, coadiuvato dal vicario foraneo, responsabile delle zone periferiche della diocesi, spesso remote: la Villa di Santa Croce nel castello di Farneta si trovava nella vicaria foranea di Acqualagna.

È interessante seguire il delirante racconto di come abbiano cercato di forzare donna Laura a conformarsi allo stereotipo della strega tempestaria, dotata del potere di comandare alle regioni atmosferiche, anche se in realtà era solo una guaritrice erborista, con una serie di credenze, conoscenze e pratiche mediche popolari ed empiriche tramandate attraverso la linea materna.

Queste erano l'unica, sebbene discutibile risorsa sanitaria per le popolazioni meno abbienti che vivevano in condizioni igieniche spaventose a causa dell'estrema povertà.

Il manoscritto non ci fornisce informazioni su cosa sia successo alla strega di Farneta: le ultime notizie che abbiamo sono che Paolo Pagani, non riuscendo a ottenere una piena confessione, fece visitare la donna da due medici che conclusero che poteva essere torturata senza problemi nonostante i suoi 70 anni, un'età rispettabile per l'epoca.

Tutto fa supporre che l'imputata sia morta a causa delle ripetute torture inflitte mediante la corda, grazie alla complicità dei medici.

Pacifico, il pastore che sconfiggeva il Fuoco di Sant'Antonio

La tradizione orale nella zona di Frontone, in provincia di Pesaro-Urbino, tramanda che a cavallo tra la fine del 1800 e l'inizio del 1900 viveva alle pendici del Monte Catria un pastore di nome Pacifico.

L'unica traccia certa della sua presenza in loco è riscontrata da una lettera inviata a Roma, datata 1889, In cui un possidente terriero della vicina Cagli nomina Pacifico, il pastore, nella corrispondenza scritta al suo figliolo impegnato nello studio universitario: *"mai famiglio fu così strano, Pacifico declama i Canti de la Divin Commedia tutto di mente"*.

Secondo i racconti Pacifico era un pastore solitario, senza né moglie né figli e viveva in una modesta capanna ai piedi del Monte Catria.

Trascorreva le sue giornate pascolando il suo gregge di pecore tra i declivi verdi della montagna.

Ma Pacifico era diverso dagli altri pastori della regione: aveva una profonda connessione con la natura e una straordinaria capacità di guarire con le erbe e i rimedi naturali.

Fin da giovane, Pacifico aveva dimostrato un talento innato nella conoscenza delle erbe e delle piante.

Si racconta ancora oggi che sapeva distinguere attentamente i cambiamenti nella vegetazione e individuava, di stagione in stagione, le erbe che avevano proprietà curative straordinarie.

Questa conoscenza gli permetteva di alleviare il dolore e curare le malattie di coloro che si rivolgevano a lui.

Un giorno, una donna di nome Chiara giunse alla capanna di Pacifico.

La sua madre anziana era gravemente ammalata e nessun medico o guaritore aveva potuto aiutarla.

Disperata, Chiara chiese l'aiuto di Pacifico.

Con un sorriso gentile, il pastore guaritore accettò di recarsi in paese, cosa che non faceva mai.

Presto gli fu chiaro che la madre di Chiara era affetta dal Fuoco di Sant'Antonio, una malattia difficilissima da debellare.

Nell'iconografia tradizionale Sant'Antonio viene raffigurato sempre con due elementi inseparabili: il fuoco e un maiale.

In effetti, Sant'Antonio Abate era conosciuto per curare il "fuoco".

A Pacifico si prospettò un'impresa difficile ma lui aveva profonde conoscenze di antichi rimedi tramandatigli dai vecchi pastori dell'Appennino

Secondo l'enciclopedia medica, una volta che l'eruzione cutanea dell'herpes zoster è comparsa completamente, ci sono poche possibilità di influire sul decorso della malattia.

Per alleviare il dolore, si possono provare frizioni intermittenti, stimolazione elettrica della pelle, applicazione di calore locale, nebulizzazioni fredde e persino la resezione

chirurgica dei nervi.

Tuttavia, dispiace riscontrare che nessuno di

questi metodi si è dimostrato costantemente

efficace.

Ecco perché rimettersi alle "vecchie" cure

dei guaritori popolari all'inizio del 900

sembrava essere l'unica scelta rimasta.

Alcuni guaritori si sentivano predestinati,

come in alcune zone della Toscana, dove si

racconta che per poter guarire era

necessario essere l'ultimo di sette figli, tutti

dello stesso sesso.

Questa capacità non poteva essere

trasmessa a nessun'altra persona: era un

dono che si possedeva fin dalla nascita.

Naturalmente, con queste condizioni, era più facile trovare un guaritore in passato che oggi.

Ormai, questa "virtù", questo segno del destino, sembra appartenere solo a pochi individui.

Ma quei pochi sanno che non possono rifiutarsi di aiutare.

Non si ci si può rifiutare.

Con pazienza, Pacifico ripeteva i segni della Croce sulla malata sino a venti o cinquanta volte, finché non sentiva che doveva smettere.

Poi ricominciava dopo mezz'ora, dopo il decotto che gli somministrava, sino alla definitiva sconfitta del male.

Pacifico accettava ogni paziente, che credesse o meno nelle sue erbe e nelle sue formule.

Pensava *"non importa, perché una volta guarito, cambierà idea e non chiederò nulla in cambio, al massimo un regalo di gratitudine che sicuramente arriverà."*

La notizia della guarigione si diffuse rapidamente e sempre più persone in cerca di aiuto si rivolsero a Pacifico.

Egli accoglieva tutti coloro che lo cercavano con gentilezza e compassione, dedicando il suo tempo e la sua conoscenza per alleviare il dolore e curare le malattie.

Ma Pacifico non si considerava un mago o un guaritore straordinario.

Era consapevole che la vera guarigione proveniva dalla natura stessa e che lui era solo un tramite tra le erbe curative e il corpo malato.

Nutriva profondo rispetto per la terra e l'interconnessione di tutte le cose viventi.

Pacifico continuò a pascolare il suo gregge, declamare i Canti della Divina Commedia ai suoi ospiti che venivano ad assaggiare il suo formaggio in cambio di vino buono delle colline di Pergola e a curare le persone che si rivolgevano a lui.

Con il passare degli anni, Pacifico divenne un simbolo di speranza e ispirazione per la comunità locale.

La sua gentilezza, la sua connessione con la natura, la sua abilità di guarire portarono pace e conforto a molte persone.

Anche se la sua vita era semplice e modesta, Pacifico lasciò un'eredità duratura.

Le storie che si raccontano su di lui sono state tramandate dai bisnonni ai nonni poi, infine, dai genitori ai figli e ad oggi il suo nome viene pronunciato con rispetto e ammirazione nelle valli del Monte Catria.

Baffone, l'indovino di Gubbio e i suoi "breucci"

Indovino, veggente, esorcista.

Ubaldo Casagrande, noto come "Baffone", ci ha lasciato nel 2001, ma a Gubbio nel Buranese sembra che non sia mai andato via.

Era conosciuto da tutti per i suoi folti e lunghi baffi, che conferivano alla sua figura un tocco di eleganza e originalità.

Uomo buono, saggio e devoto alla sua famiglia, Ubaldo era una persona di grande rilievo.

Eccellente coltivatore, riusciva a fare innesti sugli alberi da frutto i cui risultati si possono ancora apprezzare: i frutti che nascono e si possono gustare oggi sono sempre deliziosi.

Era bravissimo in tutte le sue coltivazioni e si prendeva cura personalmente degli animali.

Aveva una profonda conoscenza delle erbe medicinali della tradizione popolare, che utilizzava per alleviare i malanni fisici di coloro che si rivolgevano a lui con la stessa fiducia che si ha verso i medici.

I risultati erano sempre positivi.

Grazie alla sua frequentazione di molte persone, aveva affinato la sua capacità naturale di comprendere l'animo umano, le sue sofferenze e le sue risorse, offrendo saggi consigli risolutivi per i tanti problemi che la vita riserva.

Spesso riusciva a intuire aspetti del futuro dei suoi assistiti, consigliando loro di affrontare la vita con fiducia, buon senso e ottimismo.

Amante dei riti tradizionali e delle superstizioni, Ubaldo creava amuleti chiamati "breucci" in dialetto eugubino, realizzati con legno e erbe spontanee, che secondo i suoi clienti portavano fortuna o allontanavano la sfortuna.

Dire che Ubaldo veniva consultato per scongiurare il "malocchio" è riduttivo, certamente lo faceva di tanto in tanto, ottenendo successo, ma non era la sua priorità.

Era così disponibile che non rifiutava mai nessuno senza pretendere denaro, bastava un semplice ringraziamento.

Negli anni, Ubaldo si dedicava a due libri personali: uno sul "comando" e un altro sulle erbe. Aveva anche acquisito una notevole abilità nel compiere piccoli riti propiziatori, tutti finalizzati a alleviare sofferenze, stati di angoscia e a offrire conforto.

Con il passare del tempo, Ubaldo Casagrande, detto "Baldo de Binazza" è diventato una leggenda nel Buranese, lasciando un'impronta indelebile nella memoria dei suoi concittadini.

La Sibilla Appenninica

La Sibilla da cui prendono nome i Monti Sibillini è una figura leggendaria presente nella mitologia e nelle tradizioni popolari dell'Italia centrale.

La sua storia è avvolta nel mistero e nelle leggende tramandate oralmente nel corso dei secoli.

Nota anche come Sibilla Appenninica o Sibilla dei Monti Sibillini, è considerata una figura profetica e mistica.

Si dice che abitasse in una grotta situata nei pressi di Montemonaco sulla catena montuosa dell'Appennino centrale.

La sua grotta, chiamata Grotta della Sibilla, ormai andata distrutta è un luogo associato a presagi, profezie e magia.

Secondo le leggende, la Sibilla possedeva conoscenze mistiche e poteva predire il futuro, le sue profezie e le sue parole erano considerate di grande importanza, molte persone cercavano il suo consiglio e la sua guida.

La figura della Sibilla è spesso associata alla sapienza e alla connessione con il soprannaturale.

È importante sottolineare che la figura della Sibilla è principalmente leggendaria e mitologica, e non vi è una persona storica specifica identificata come la vera Sibilla dei Monti Sibillini.

Tuttavia, la sua figura è ancora molto presente nelle tradizioni, nelle storie e nelle leggende della regione.

Durante il XV secolo, due eventi significativi contribuirono a far conoscere Montemonaco al di là dei confini geografici.

Da un lato, vi fu l'arrivo in queste terre dello scudiero francese Antoine de La Sale al servizio del Duca Luigi III d'Angiò nel maggio 1420.

Dall'altro lato, nel 1473, fu pubblicato il romanzo di Andrea da Barberino, intitolato "Guerrino detto meschino": entrambi gli avvenimenti sono legati alla leggenda della Sibilla Appenninica e all'ipogeo complesso della sua Grotta, situati nel territorio di Montemonaco.

La fama della Sibilla Appenninica sembrava aver raggiunto la Borgogna, poiché la Duchessa Agnese, sorella di Filippo II Buono, possedeva un arazzo nel suo castello raffigurante la grotta della Sibilla.

La Sale ebbe modo di vedere quest'arazzo nel castello di Angers nel 1437, durante le nozze della figlia di Agnese, Maria di Borbone, con il figlio di Renato d'Angiò.

Notando che la rappresentazione dei luoghi non corrispondeva alla realtà, La Sale decise di narrare il suo viaggio compiuto 17 anni prima e tutto ciò che aveva visto e udito.

Secondo Detlev Kraack, tra le motivazioni che spinsero La Sale a intraprendere il viaggio vi era anche l'onore, ma non fu la dama stessa a inviarlo sulle montagne della Sibilla.

La Sale viaggiava già da tempo in Italia al seguito dei duchi d'Angiò, Luigi II e Luigi III, e successivamente del re Renato, gli Angiò speravano di riconquistare il regno di Napoli, ma questa speranza si infranse nel 1442 quando la città cadde in mano agli Aragonesi.

In una pergamena del 1452, appena dodici anni dopo l'ultima visita di Antoine de La Sale, viene trascritta la sentenza di assoluzione da scomunica dei Priori e dell'intera comunità di Montemonaco.

Erano stati accusati di aver ospitato Cavalieri provenienti dalla Spagna e dal Regno di Napoli, dediti da mesi all'arte dell'alchimia in una casa del paese: la casa di Ser Catarino.

I principali capi d'accusa riguardavano il fatto che i montemonachesi avevano aiutato e accompagnato i Cavalieri fino al Lago della Sibilla (Lago di Pilato) per consacrare libri diabolici e quando furono fatti arrestare su ordine della Santa Inquisizione, questi paesani avevano con molti "artifizi ed inganni" favorito la loro fuga.

L'Inquisizione dichiara nel documento di essere venuta "casualmente" a conoscenza dei fatti che avevano portato all'arresto dei Cavalieri e, successivamente, alla loro fuga.

L'inquisitore della Marca anconitana, De Guardarjis, fa comparire i Priori e l'intera comunità di Montemonaco davanti al tribunale di Tolentino per essere giudicati.

Stranamente, dopo un lungo dibattimento processuale, tutti vengono assolti e liberati dalla scomunica grazie all'atteggiamento liberale che prevaleva nella Marca Anconitana, a differenza del Nord Italia e del resto d'Europa, dove una simile situazione avrebbe portato all'accensione di numerosi roghi.

Secondo gli studi del Parco Nazionale, le terre sibilline sono ancora oggi ricche di specie officinali.

Insieme alla presenza diffusa di sorgenti d'acqua e acque minerali, queste condizioni erano necessarie per allestire i laboratori alchemici, come ad esempio quello citato nella sentenza di assoluzione da scomunica.

Secondo alcuni, le anziane donne chiamate "Vergare" nel Piceno, stigmatizzate nei secoli passati per il presunto utilizzo di arti magiche e stregonerie, sono ancora oggi le custodi delle ricette della medicina popolare tramandate di generazione in generazione.

Un tempo realizzavano decotti, infusi e unguenti e si dedicavano alla raccolta di radici, fiori ed erbe medicinali, anche per gli alchimisti speziali: quelli stessi citati nella scomunica.

Questi ultimi preparavano nelle più grandi città Italiane, dopo la loro *"pellegrinatio"* in loco distillazioni di quintessenze vegetali e minerali, oli essenziali e altri rimedi utili per affrontare le malattie.

Pasqualina Pezzola, la veggente di Civitanova Marche

Nata nel 1908 e morta nel 2006, è stato il caso più conosciuto in Italia di "veggente diagnostico".

In pratica lei credeva di riuscire a diagnosticare una malattia e trovarne la cura attraverso stati di "trance" molto intensi.

La Pezzola era divenuta celebre in quanto sosteneva di essere dotata di poteri paranormali che le avrebbero consentito di avere premonizioni e di possedere facoltà diagnostiche e terapeutiche.

La "Montesanta", così era chiamata dalle sue parti, sosteneva di avere scoperto i propri poteri settant'anni prima, quando una sera del 1927 il marito tardava a rientrare a casa: la sua è una storia antica ed il suo carisma culminò quando disse a tutti i vicini quello che aveva sentito.

Il marito, ritornato a casa, tranquillizzò tutti sostenendo che aveva sì avuto un incidente, ma non gli era accaduto nulla di grave.

La sua precognizione, quindi, venne con successo confermata.

La Pezzola acquisì progressivamente prestigio prima nell'ambiente in cui viveva e, successivamente, anche ben al di fuori di esso.

Si narra che personaggi come Franco Zeffirelli, Federico Fellini e Fred Buongusto fossero suoi abituali frequentatori.

Lei stessa rivelò ad una emittente italiana che alcuni messi Pontifici si rivolsero a lei nei primi del 900 in curatela dei loro superiori.

Si parla anche di molti emergenti politici e di industriali calzaturieri della zona che si sarebbero rivolti a lei per alleviare le proprie sofferenze o quelle dei loro familiari.

Di Pasqualina si occupò anche il Comitato Italiano per il Controllo delle Affermazioni sulle Pseudoscienze.

Durante il IV Convegno Nazionale del CICAP a Macerata nel 1995, è emerso che la credenza nelle presunte facoltà della Pezzola era diffusa nella sua zona.

Una buona parte del pubblico presente non perdeva occasione di elogiare i poteri della Pezzola.

Tuttavia, anche la Pezzola non sfuggiva alla famosa legge di Angela, secondo la quale i fenomeni sono 100 quando i controlli sono zero, ma diventano zero quando i controlli sono 100.

Il CICAP, in realtà, ha avuto l'opportunità di verificare i presunti poteri della Pezzola nel 1996, grazie a un'indagine condotta dal fisico Paolo Diodati dell'Università di Perugia.

Nel suo articolo intitolato "Il mistero di Pasqualina Pezzola", pubblicato negli atti del V convegno nazionale del CICAP dal titolo "New Age. Nuova Era o vecchie idee" tenutosi il 25-26 ottobre 1997, Diodati racconta di aver avuto l'occasione di accompagnare un amico che, in un momento di vulnerabilità, aveva deciso di rivolgersi a questa presunta guaritrice.

Durante l'osservazione delle pratiche di Pasqualina, Diodati ha notato che le sue diagnosi si basavano semplicemente sull'osservazione e ha capito che in realtà la guaritrice "rivendeva" al cliente tutte le informazioni che riusciva a raccogliere da lui.

Questa ipotesi è stata successivamente confermata da un incontro in cui Diodati stesso ha simulato alcune malattie inesistenti, che sono state prontamente "diagnosticate" da Pasqualina.

FINE